Der Schlüssel meiner Träume

Justyna Paulina Kołodziejczuk

Der Schlüssel
meiner Träume

Bibliografische Information der Deutschen Nationalbibliothek
Die Deutsche Nationalbibliothek verzeichnet diese Publikation in der
Deutschen Nationalbibliografie; detaillierte bibliografische Daten sind im
Internet über www.dnb.de abrufbar.

Illustration: Justyna Paulina Kołodziejczuk
Übersetzung der Gedichte: Barbara Erdmann
Übersetzung Prosatext Seite 60: Christiane Sanders
Buchsatz, Layout, Cover: Walter Erdmann
Coverfoto: Cathrin Herrmann

Herstellung und Verlag:
BoD – Books on Demand, Norderstedt
ISBN 9 783752 867701

Danksagung

Bei der Gestaltung dieses Buches haben mehrere Personen mitgewirkt.

Ich bedanke mich bei der wunderbaren Schriftstellerin, Dichterin und Autorin Frau Barbara Erdmann für die Übersetzung der polnischen Gedichte aus meinem 2016 erschienenen Lyrikband „Klucz moich marzeń",

bei Herrn Walter Erdmann für die Arbeit am Buchdruck,

bei Frau Christiane Sanders für die Übersetzung des Prosatextes

und bei Herrn Dr. Ryszard Kowalski für die Rezension dieses Buches.

Bevor du Platz nimmst am Kamin
verwöhnt vom Schein des Feuers,
bevor die Wärme versinkt
im Glas weißen Weines,
schau dich um und erhebe das Glas
auf das, was dich umgibt
und warte nicht länger...

Poesie

du herrschst über Gedanken
wie der Wind auf offener See
mit vollen Segeln
setzt du Hoffnung
die nicht in Lügen versinkt
sie an deinem Busen wiegend
lenkst du die Feder des Poeten
tauchst die Pinsel des Malers
in Inspiration

Poesie
du sprichst vom Schatz der Liebe
ihrer Traurigkeit und Dauer
Augenblicke die gewidmet
sind königlich
ach, wie das Königsblau

Poesie
such Einlass
mit kunstvoller Vision
leite auf ewig
meine Gedanken

Nur wer liebt,
findet das Glück in der Liebe und der Freundschaft,
alles andere ist Zutat.

Poesie des Tages
und der Nacht

Für dich könnte ich alles tun
mich hineinstürzen in schuldlose Räume
deiner weißen Tage
versinken im Meer geheiligten Wassers
das fließt in den Adern wie berauschtes Blut
niederknien im Namen der Liebe
damit die Nacht das Unbestimmte wiederbringt
wenn wir Mund auf Mund
in der Flamme der Leidenschaft zerfließen
damit die Nacht dich mir zurückbringt
um erneut zu leben
sich unsere Körper wieder berühren
in Erwartung auf tausend Zärtlichkeiten
mit Seufzern des Sturms
im Windstoß des Meeres
damit der Tag die Nacht zurückbringt
Jetzt bin ich wie
der ständig bettelnde
blinde König
Resta Qui[1]

---

[1] Resta Qui – Bleib bei mir

Mehr als zu sein

Du weißt sehr wohl
dass jedes meiner Gedichte
von dir handelt
flüchtige Vision
du bleibst nach mir
ohne mich
dennoch bei mir

Bitte
nimm mich
in mondheller Nacht
mit ans stille Meer
zum leisen Windspiel
kirschroter Sträucher
Silberschlaf
Traum im duftenden Meer

Sei für mich
alles
Wahrheit und Wissen
so bleibe ich nach dir
ohne dich
dennoch bei dir

Gefühl

Sei mir bitte
Tag und Nacht
welche ununterbrochen wachen
über unzählige Stunden der Verzweiflung
die mit streichelnder Hand
die nagende Unruhe lindern
und die dunklen Gedanken erhellen
die mit tiefster Zuversicht
und unerschrockener Sanftheit
das Wirrwarr bekämpfen

27.03.2005 – Ostersonntag

Bitte

Mit dem Duft des Honigs besänftige die Verbitterung
aus dem mystischen Gold der Träne mach einen Diamanten
bekämpfe mit über Ozeane segelnder Stille die Verworrenheit
gieße Sympathie über den Rand des Abgrunds
bekleide die streunende Seele mit Vertrauen
mit Vergessen bedecke alle Folterqualen
mit Frieden spendest du den Augen Schlaf
verhülle mit Berührung die gestohlenen Träume
greife voll Romantik nach dem Ersehnten
decke mit Seide den zitternden Körper zu
male in Himmelblau die Landschaft des Himmels
gib den Lippen die letzten Krümel Brot zu probieren
bezwinge mit einem silbernen Bogen die Nacht
befeuchte mit Hoffnung die täglichen Zweifel
heile die Trauer mit einem Toast voller Nektar

3.08.2004

Liebkosung

Mit dem Blau des Himmels und dem Flüstern des Tages
schmücke meinen Körper
lass ihn nicht rennen vor die tödliche Tür
lass ihn Leidenschaft offenbaren

Deinen Körper umarmen in Gestalt des Bettes
ihn benetzen mit Aloe Vera Duft
wie strahlendes Morgenrot Lust entfachen
mit Liebkosung das Blatt des Stresses stillen

Mit vom Regen gewaschenen Händen
entzündest du eine Fackel aus Worten
auf der Haut erschaffe sanftes Schaudern
und ein Poem aus endloser Sprache

28.12.2003

Zwiegespräch der Gefühle

Er:
Wüsstest du
wie ich dich liebe
würdest du vor Glück weinen
und wüsstest du
dass ich mich im Begehren nicht beklage
vielleicht würdest du dich dann
der Liebe hingeben wollen

Sie:
Wüsstest du
dass ich nur mit den Emotionen spiele
hörtest du auf zu denken
an nicht endenden Tagen und Nächten
wüsstest du
dass ich das nur
aus Freundlichkeit tue
würdest du niemals glauben
dass ich dem Ewigkeitsgefühl nicht traue

Er:
Wüsstest du
wie ich dich begehre
und wie ich türme
welche Gedanken dich auch immer umkreisen
ich würde mich nicht betäuben
mich nicht unter dem Kissen verbergen
vor meinen Träumen von mir

22.09.2007

***

Schau!
Meine Teuerste
es schneit seit gestern Abend
bis heute Morgen
ich ängstige mich nicht vor der Kälte
die Liebe erhitzt die Winkel
meines Herzens

Schau!
Meine Hübsche
wie die Himmelsbahn
aus zahlreichen Sternen
und mitten unter ihnen
der eine Einzige und Hellste
das Leben
am Leben hält

Schau!
Meine Favoritin
im Namen der Liebe wird heute
nach altem Brauch
die Liebe
im Namen der Liebe
neu geboren

24.12.2008

Wunsch

In der Freundschaft wünsche ich, dass mir geglaubt
in der Liebe, dass mir vertraut wird

In der Stille wünsche ich verstanden zu werden
im Schweigen gehört zu werden

In der Hingabe wünsche ich geliebt zu werden
in der Sympathie behütet zu werden

Im Zweifel wünsche ich die Wahrheit zu hören
in der Gefahr beschützt zu werden

In der Harmonie wünsche ich das Umhülltsein von Zärtlichkeit
im Schließen der Augen des Schlafs wahre Träume

Im Glauben wünsche ich ewige Dauer in Stärke
in der Liebe die aufrichtigste Dankbarkeit

30.12.2007

***

Ich bin
kein Engel
der ich gerne
mit dir wäre
würde dich mit
zum Himmel nehmen
um dort
mit dir zu leben
Ich bin keiner
der silber-goldenen
Seraphim
auch nicht der Eine
aller geflügelten Cherubim
weder bin ich der
erträumte Zauberer
aus einem Märchen
noch der
weltberühmte Perlendieb
aber
ich bin ich
und mein
Sehnen, das zu sein
teile ich
mit dir

28.12.2012

Sie, die Erste

Sie, die Erste, die mit verträumt sanftem Blick
die meinen Augen gezeigte Welt in Händen hielt
Sie, die Erste, obwohl des Flüsterns überdrüssig
in Unruhe über mein Schicksal zitterte

Sie, die Erste, die mich lächelnd wie einen Schmetterling fing
mich das Gute und Schöne, das Bessere und Schönere lehrte
Sie, die Erste, die mich an die Mutterbrust drückte und sprach
silberklar wie das Wasser, dass das Überleben das Wichtigste sei

Sie, die Erste, die meinen Lippen die ersten Töne entlockte
und ihr Echo bis heute als Stimme des Herzens bewahrte
Sie, die Erste, die mit Händen Ruhe erzeugte
und sie mit täglicher Arbeit freudvoll gestaltete

Sie, die Erste, die das tränenvolle Gesicht wie die Sonne trocknete
am frühen Morgen beim Sternenschein über dem Bach
Sie, die Erste, die mich das Gute lehrte
und das möge mir für ewig in Erinnerung sein

Meiner teuersten Mutter gewidmet
25.05.2004

∗∗∗

Begrüßt einander, als sei es die letzte Begrüßung
Umarmt euch, als sei es die letzte Umarmung
Küsset, als sei es der letzte Kuss
Wische die Träne von der Wange, als sei es
das letzte Fortwischen
Sprich so, als sei es die letzte Unterhaltung
Antworte so, als sei es die letzte Antwort
Lache so, als sei es das letzte Lächeln
Schweige so, als sei es das letzte Schweigen
Schaue so, als sei es der letzte Blick
Verabschiede dich, als sei es der letzte Abschied
Und liebe,
liebe so, als sei es das letzte Lieben
und vor uns so viel Freude und Glück
Sein und Ewigkeit
vor uns das Leben

29.10.2015

Glück

Glück ist
sich freuen selbst
über das kleinste Glück

Glück ist
gehört und verstanden werden
von einer zweiten Hälfte

Glück ist
die Fähigkeit
das Schöne zu teilen

Glück ist
Gutes tun und
Dankbarkeit erkennen
in den Gesichtern der anderen

Glück ist
einfach nur
glücklich sein

***

Ich erinnere mich
ich hatte einen Traum
versunken
in samtener rosa Bettwäsche
mit dem Duft nach Tee
einen Traum von dir
in der Erscheinung
einer Blume
mit rot gefärbtem Mund
im Rot der berührten Seele
in unbeugsamer Stärke
und in hübscher fantastischer Verführung

20.11.2012

Das Leben ist oft grausam und schonungslos,
ungerecht und ehrlich
und doch gibt es dir immer eine Wahl,
es bringt Stunden des Glücks und des Trostes
Stunden, die vergehen, aber bewirken,
dass du die Mühen des Lebens meistern möchtest
und unbedingt leben willst. Leben ist alles.

Rezept für ein spannendes Leben

Im Leben mach dir über nichts Gedanken
liebe wie ein Wahnsinniger
wähle die wichtige Variante

Beachte keine Grenzen
aber rechne mit der Grenze des Leids
vergnüge dich
genieße
das ist die Quelle
der Inspiration

Sterbe nach der Verwirklichung deiner Träume
schätze die Denkweisen
der anderen

Grüble nicht
falle nicht von einem Extrem
ins andere
das gilt als Zeichen
fehlender Ausdauer

***

Erhebe das Glas auf die Angst
allein in den vier Wänden
und rase wie ein Kampfwagen
den fliegenden Gedanken hinterher

Erhebe das Glas auf die Lebenswanderung
allein in den vier Wänden
und beruhige die Gedanken
mit dem Klang fallender Tränen

Der Wunsch nach Schlaf

Das Licht erlischt und
der Schlaf spricht mit der Traurigkeit
dem Körper keine Qualen ersparend
mit sehnendem Atem Erholung erflehend
doch die Traurigkeit verweigert unbeugsam den Schlaf

Der müde Körper erneuert unbeholfen seine Kraft
die Welt im Schlaf von Tränen überflutet
mit Seufzern aus der Brust Wege suchend
ruft der müde Körper unbeholfen nach Ruhe

Der Wunsch nach Schlaf bleibt ein Traum
eine nicht gewährte Erholung
eine letzte Täuschung

Und das Aussprechen eines Wortes
mit letztem Zerbrechen
in ewigem Leid

Sinn

Mit geschlossenen Augen
drücke aus die Unruhe der Seele
die Unsicherheit des zitternden Körpers
verstecke dich in der kalten Schläfe

Durch den tagträumenden sanften Blick
erschaffe ein Spektrum unzähliger Sterne
eine bunte Welt
mit Sinn umgeben

Und schimpfe nicht auf das Leben
beruhige nicht flüsternd die Verzweiflung
brich nicht das Wort im Ärger
und vergieße keine kostbaren Tropfen

4.02.2004

Verlorenes Glück

Fackeln brennen und es brennt die Seele
auf den Straßen Ruhe, in den Augen weiße Folterqualen
es brennt die Stadt, mit ihr brennen Träume
warten auf die verlorene Illusion

Keine Süße in der Quelle des Blutes
Verbitterung ist das Gift der Tage
wie die einzige Wahrheit finden
verloren Glück oder Verachtung

5.02.2004

Die Entdeckung der Stille

Du sitzt allein, versinkst in Ungewissheit
hältst still und glaubst, es sei nur ein Weilchen
du zählst die Stunden, glühst gedankenversunken
weißt nicht, was dich erwartet in wenigen Minuten

Du weckst ein bisschen Zartheit
im mürben Körper
das Erstaunen der Sanftheit wiegend
um für immer haltbar zu werden

Zaghaft zähmst du die Unruhe
ins Vergessen packst du den Schatten
misstraust dem Schicksal, glaub an die Ruhe
und die aufkeimende Quelle des Tages nach der Nacht

7.07.2006

Ausblenden

Ich sehne mich nicht nach idyllischen Träumen
ich suche nicht nach tiefem Schlaf
nach vom Liebesgeflüster heißen Nächten
ich verlange nicht nach goldenen Tagen
und feurige Flügen

Ich sehne mich nicht nach zärtlichen Seufzern
brennenden Lippen
zärtlichen Worten
um darin die Schönheit wiederzufinden
ich sehne mich nicht nach Verbeugungen der Welt
ich möchte nichts als den einen herzlosen Henker
der mir die letzte Sehnsucht nimmt ...

28.07.2006

Vergänglichkeit

Bitter sind Tränen
wie die Tage so bitter
verstummt die Uhren
verstummt das Klavier
im vereinsamten Zimmer
nur besucht vom Wind

Bitter sind Träume
wie die Nächte so bitter
es schweigen die menschlichen Lippen
beruhigen die Augen
im Ozean der ewig
endlosen Tiefe

Ich verabschiede mich
von den Mühen des Alltags
Erholung in Sternennächten

Ich verabschiede mich
vom verlassenen Zimmer
vom Zeittakt der Uhr
und vom Klavier

Mit der Zeit

Mit der Zeit erlischt das Licht
und gleichzeitig der Glanz der Augen

Mit der Zeit stehlen die Tage das Glück
und gleichzeitig das Leuchten ewiger Ruhe

Mit der Zeit schwindet die Nacht verstreut in taubstumme Ruh'
und gleichzeitig die Wahrheit entsetzter Worte

Mit der Zeit meißeln die Gedanken in die Erinnerung
das Bild verlorener Jahre
und gleichzeitig in die einsamste Ecke die Kraft
der Geheimnisse

Mit der Zeit schweigt die Stimme des Herzens
und gleichzeitig mit ihr der angeborene Stolz

Mit der Zeit verweht der Wind das letzte Lächeln
und gleichzeitig die Kraft der Stimme in der
vergewaltigten Wirklichkeit

11.08.2006

Augenblick

Unser Leben – ein Augenblick
und in diesem
eilen wir fortwährend dahin
denkend
dass Erfolg alles ist
und die Schönheit der Liebe
nur Armut

Wir halten nicht inne
wir hetzen
wir erlauben nicht
dass die Liebe
siegt im Leben
so brüchig
wie Glas
zerstört durch
das Böse

23.08.2007

***

Ich sitze
im dunklen Zimmer
der Seele
und wälze
das nackte Leid
des Körpers
unbemerkt
unterschätzt
ungeliebt

Ich verberge
in der kalten Wand
die Trauer
des schmerzenden Gesichts
ununterbrochen
unbesiegbar
unheilbar

28.12.2012

In der Kindheit sehnte ich mich danach,
sehr schnell erwachsen zu werden.
Ich dachte, im Erwachsensein gäbe es
keine Pflichten und keine Sorgen.
Ich bin erwachsen und habe mich geirrt.
Jetzt kehre ich sehnsuchtsvoll zurück
zum Augenblick von Unschuld und Sorglosigkeit.

Die Unversöhnlichkeit des Lebens

Ich habe Sehnsucht
nach der Kindheit
und dem Zuhause
wo ich Morgen und Mittag verbrachte
wo sich die Weinrebe
in die Haare flocht

Ich habe Sehnsucht
nach den damaligen Jahren
in denen Sorglosigkeit Herrin der Lage war
unschuldige Tränen
durch das Fehlen der Puppe
über die Wange flossen
wie winzig der Kummer
übertrieben aus heutiger Sicht
und doch so wichtig
in jener vergangenen Zeit

Mit Sehnsucht stelle ich die Frage
wo ist das Mädchen
das bei Tagesanbruch hantierte
die kleinen kalten Füßchen verknotete
wo ist das Mädchen
das kaum auf den Zehen stand
um nach dem Becher mit Blaubeeren greifen zu können

Ich habe Sehnsucht
nach den Blumenwiesen
nach den Feldern mit grünen Bäumen
nach dem Garten voller Früchte
nach den Gütern der damaligen Erde

Ich habe Sehnsucht

Herbstlyrik

Mit ihrer Dämmerung werfe ich den
Blätterkorb der Melancholie
und mit feinen Händen
spiele ich im Einklang mit ihr
auf rotbraunen vergilbten Zweigen der Bäume

Ihre Dämmerung füllt den lyrischen Morgen
schmückt mit Nebel die Tage
schreitet verschlafen über Alleen und Bänke
schaut mit Septemberaugen
mit Oktoberaugen
nachdenklich auf die Welt
und erscheint
im Morgengrauen
im Rot aller Gärten
spielt als alleiniger Ariensänger
mit den als Ballerina tanzenden Blättern auf

Der Herbst, Vorbote der Natur
mit purpurnen Säften
in der Abendlandschaft
bei der Lektüre
und mit verkürzten Tagen
ist eingetroffen

Schatz der Sommertage

Ich mag den Hauch des warmen Augustwindes
Ich mag die Berührung des Windes am nach Zärtlichkeit
dürstenden Körper
Ich mag, wie gelöste Haare den Mund umspielen
Ich mag, wie das Korn auf goldenen Ähren tanzt
Ich mag die frische Feuchte des Morgentaus
Ich mag das Flattern der Schmetterlingsflügel
auf den Blumen

Ich liebe die Abendkonzerte verborgener Grillen
Ich liebe das Blau der ins Unbekannte ziehenden Wolken
Ich liebe den sich ausbreitenden Duft von Feldarbeit
Ich liebe das Schauen auf reife wogende Äcker
Ich liebe den sich nähernden Sonnenstrahl
Ich liebe das Echo der menschlichen Stimme in der Natur
an Sommertagen

Diese Worte widme ich in viel zu geringer Dankbarkeit
Herrn Dr. Ryszard Kowalski

***

Wo einen Hauch Trost finden
in der lebendigen Ungerechtigkeit
und wo ein wenig Verständnis enthüllen
in tobender Unempfindlichkeit
Du antwortest
im Waldhäuschen auf grünem Fundament
belichtet vom Sonnenschein
im Waldhäuschen zwischen den weitverzweigten Ästen
sich erhebend gen Himmel als weiße Kronen

Womit stillen die Sehnsucht nach Schönheit
und wie für die Ewigkeit das Austrocknen verhindern
Du flüsterst
mit einem Liter gepflückter Blaubeeren im Tropf
mit Waldbeeren und wilden Kirschen vermengt
und mit einem Tropfen hölzernen Honigs
in der Farbe eines goldenen Kelches

Wo die Stille eines Gespräches hören
und wo die bessere Hälfte der Seele einschließen
Du flüsterst
in der Stille des Waldes mit den Geräuschen der
dröhnenden Rehhorde
von überallher das eigene Echo tragend
in der Walddichte mit Moos bewachen
auf dem mit Farn bedeckten Weg
Und wem den letzten Fetzen des Traumes anvertrauen
das letzte Mal anvertrauen

Du antwortest
der Waldlichtung im grenzenlosen Raum
mit dem gewebten Teppich aus natürlichem Grün
der Walddichte umschlungen vom Spinnennetz
aus verziertem Heidekraut mit violettem Siegel

25.08.2011
Gegend um Wielgorz – öffentlicher Mischwald

Im Wald

Auf dem weichen Boden des Waldes
nach der Regendusche
mit Pilzen bestreut
den Weidenkorb mit Pfifferlingen gefüllt
geschmückt mit einem kleinen Himbeerstrauch
ernten manche unbekannte Hände
damit die Speisekammer herrlich enthüllt
den Reichtum getrockneter Waldschätze
in der Erinnerung die Momente der Waldabenteuer
und einmal noch heimlich mit Omas Fruchtlikör
den Gaumen verwöhnen und in Verzückung geraten

28.08.2011
Gegend um Wielgorz – öffentlicher Mischwald

Mit des Waldes Seufzer

Mit dem Duft von frischem Harz inspirierst du mich
und mit seinem Öl pflegst du meinen müden Körper

Das Waldreich schmückst du mit Perlen des Schneeballs
und mit den Trauben der roten Vogelbeere

Im Geheimen der Nacht trägst du die Stimme des Uhus
der an die Tür der Waldhütte klopft

Du erfreust dich am besonderen Gesang des Pirols
der die Unbestimmbarkeit meiner Sehnsucht bereichert

Und du bedeckst mit Nadeln der Kiefer die lockere Erde
um dich aufs Neue mit Vorboten des Frühlings zu schmücken

Ich – arm im Gegensatz zu deinen Schätzen
wiederhole mich unaufhörlich in meinen Gedanken

Ach Wald, du mein teurer
lädst mich ein in dein Heim

Mit dem Duft des Wacholders
lockst du jeden Augenblick wie ein hinterlistiger Jäger

30.08.2011
Gegend um Wielgorz – öffentlicher Mischwald

***

Noch
füttere ich
mit Augustnächten
meinen Körper
während du schon
meine Nase
mit dem Wind der Wehmut
befeuchtest
ach, Herbst
du mein Teuerster
ich umarme dich
als Zuflucht
darin geborgen
vor dem Vergessen

28.12.2012

Es gibt nichts Kostbareres in der Macht des Wortes als die Macht der darin enthaltenen Wahrheit.

Schwäche

Ich bin nur ein Mensch
manchmal arm
manchmal um Hilfe bittend
manchmal schweigend
und sehend
wie die Welt versinkt
in den Schlingen des Krieges

Ich bin ein Mensch
manchmal betrübt
manchmal besorgt
manchmal verängstigt
und mir fortdauernd bewusst
des Leids den Menschen auferlegt
durch Menschen

Ein paar wahre Worte

Menschen kämpfen gegeneinander
man sieht, wie sie mit Hass
an der Tür rütteln
wie Hochmut die Liebe
in ihnen verspottet
wie Eifersucht
in ihren Augen funkelt

So viele
unzählige Tränen in der Welt
aus Hunger, Elend, Qual
die das Volk bedrängen
so viel Vermessenheit
in des Menschen Sinn

Die Welt versinkt
im Meer der Verleumdung derjenigen
aus deren Mündern sie fließt
und niederträchtiger zerstörender Neid
lässt die Seele
nur leiden

***

Auf mütterlichen
Schultern
ruht der Körper
gequält
durch meine Verfehlung
geschlagen
durch mein Wort
gebrochen
durch meine Sünde
erschöpft
durch mein Gewissen

Fastenzeit
22.02.2012

Das Leben in den Schicksalsmomenten

In Tränen taucht das ganze Land
Verzweiflung glüht wie eine entzündete Fackel
darin beherrscht der Verstand ein Fünkchen Kraftlosigkeit
am Scheideweg der Extreme

Das ist das Leben, das ein grausames Schicksal schafft
das ist die Durstgeschichte der Neuheit, die uns ängstigt

So viele Hände und Herzen bei der heldenhaften Arbeit
obwohl sich niemand bequemt, die Wunden zu schließen
das in der Seele verbliebene Gedächtnis zu verdecken
nichts löscht die schreckliche Kartusche

Wir verlieren die Gedanken
in den Trümmern ihrer Betrachtung
und in der großen Verängstigung
wir suchen die Momente des Vergessens
und die Augenblicke des Trostes

Vergleich nicht das Leben mit einem Felsen
schöpfe aus ihm eine unzerbrechliche Kraft

*Gewidmet den Opfern der Katastrophe in Kattowitz und ihren
Angehörigen
1.2006*

Guter Gott

Der gute Gott nahm zwei junge Leben
obwohl sie leben wollten und doch nicht reif waren
fürs Leben

Der gute Gott nahm zwei Lächeln engelhafter Seelen
obwohl die Zeit nicht schaffte, ihr Verlangen zu Staub
zu machen

Der gute Gott rief zu sich zwei zärtliche Blicke
und zwei Herzen mit stiller Sehnsucht darin

Der gute Gott rief zu sich zwei unschuldige Wesen
obwohl sie ihre heimliche Schuld gar nicht kannten

Der gute Gott nahm letztendlich zwei Gesichter
obwohl sich das Mutterherz sehnsüchtig
nach ihnen verzehrt

10.03.2008

***

Liebe erblicke ich
im Erahnen des paradiesischen Glücks
beim Auftritt im seidenen Mantel
im Vorbeigehen an blühenden Blumen
beim Genuss ihrer Süße
im Sinne der Seele
die weiß, wohin

Wahre Freundschaft ist ewig, und diejenige, die endet, hat einfach nie existiert.

Über die Freundschaft

Ich suchte sie nicht, doch sie fand mich
ich lud sie nicht ein, doch sie kam
ich bat sie um nichts, auch sie erbat nichts
ich erwartete sie nicht, doch sie erschien

Freundschaft, du meine Teuerste
bist Tugend, nicht Abenteuer
wir pflegen sie
damit sie
endlos wird wie der Horizont
tiefer als der Ozean
wunderbarer als ein Traum
heller als ein Stern
treuer als die Erinnerung
reiner als die Unschuld
wild wie der Seufzer des Hurrikans
und härter als ein Fels

„Für immer von Herzen, mit Liebe"
29.04.2015

***

Nicht jeder Tag kann
ein besonderer sein
und doch gibt es den einen Einzigen
an dem alles begann
Liebe, Sex
Weinen, Kummer
Glück, Freude
Traurigkeit, Sehnsucht
Blick, Schreien
Atmen, Berührung
der Tag
an dem das Leben begann

Danke – ein Wort, wenn auch wenig, doch als Erinnerung ewig
Frau Ewa Biernacka mit Dank gewidmet

Es ist...

Es ist Liebe und in ihr Freundschaft
es ist Freundschaft und in ihr Reinheit
es ist Reinheit und in ihr Unschuld
es ist Unschuld und in ihr Liebe

Es ist Glaube und darin Hoffnung
es ist Hoffnung und darin Kraft
es ist Kraft und darin Ruhe
es ist Ruhe und darin Stille

Verzichte nicht auf die Träume, die erreichbar sind,
aber träume auch vom Traumland der Utopie.

Natur ist auch Poesie!

Eines schönen Herbsttages habe ich unter meinen E-Mails eine ungewöhnliche Bitte gefunden. Der Absender der E-Mail war eine Absolventin in Biologie, an die ich mich sehr gut aus meiner Studentenzeit erinnerte. Sie war fleißig, sehr ruhig und obwohl sie bei verschiedenen Treffen ein lächelndes Gesicht hatte, gehörte sie doch in meiner Einschätzung zu den Personen, die in der Hochschulgesellschaft introvertiert auftraten. Frau Justyna Paulina Kołodziejczuk, denn an sie denke ich, studierte vor einigen Jahren und verließ die Universität mit einem Magisterdiplom, unterschrieben vom Rektor der Universität für Natur- und Geisteswissenschaften.

Der Brief, den ich von ihr erhalten hatte, enthielt einen Textanhang, in dem sich im Band „Der Schlüssel meiner Träume" gesammelte Gedichte befanden. Sie bat darum, die Originalpoesie zu lesen und ein paar Sätze der Rezension zu schreiben. Ich war überrascht, denn von Poesie verstand ich nichts. Von der Ausbildung her bin ich Biologe und Gärtner. Ich habe also keine sachliche Vorbereitung, die für die Beurteilung eines literarischen, sehr sensiblen Werks – denn meiner Einschätzung nach haben Gedichte diese Eigenschaft – notwendig ist. Ich verberge nicht, dass ich es liebe, Gedichte zu lesen. Aber als Mensch etwas älteren Datums finde ich vor allem an gereimten, rhythmischen, vorhersehbaren, man könnte sagen in ihrer Konstruktion und Form klassischen Werken Gefallen. Manchmal unternehme ich selbst den Versuch, Gelegenheitsgedichte zu schreiben, was mir mal besser, mal schlechter gelingt, aber das ist zu wenig, um Rezensent zu werden. Sich den Kopf zerbrechend, kam ich selbstkritisch zu dem Entschluss, dass ich nicht die Kompetenz besitze, um Gedichte irgendwie zu beurteilen. Um das gut zu machen, muss man in die Haut der Autorin schlüpfen, das erleben, was sie erlebt hat, sich in den Situationen befinden, in denen sie sich befand, und darüber hinaus Kenntnisse aus dem Bereich der Literaturwissenschaft besitzen. Aber auf der anderen Seite – bittet mich doch meine ehemalige Studentin darum! Warum hat sie ausgerechnet mich ausgewählt?

Nach einigem Überlegen kam ich zu dem Schluss, dass ich nicht absagen kann, da jemand, den ich kenne, der meine Hilfe braucht, mich um einen Gefallen bittet und mir dabei auf diese Weise sein Vertrauen bekundet und seine Gedanken und Emotionen offenbart. Was hat überwogen, sodass ich zusagte? Ich habe mir dies gedacht: Ich bin Naturforscher und es scheint mir, dass ich die Natur gut genug kenne und dass diese doch, in Hinsicht auf ihre ungewöhnliche Anmut und Schönheit, reine Poesie ist. Ich erinnerte mich daran, was Konstanty Damrot in seinem Gedicht „Stimmen der Natur" schrieb: „Ein offenes Buch ist die Natur deshalb, weil man in ihr lesen kann; Eine Predigt – Vogel, Blume, Wald und Wolke deshalb, weil man ihre Stimme versteht." Wenn die Natur ein offenes Buch ist, dann kann sie auch ein Buch mit Gedichten, also mit Poesie, sein. In diesem Fall – sage ich ganz unbescheiden – kenne ich mich mit Poesie aus und habe mich an die Lektüre der zugesendeten Werke gemacht.

Mit dem Schreiben eines Gedichts ist es ähnlich wie mit der Beschreibung des Wetters – zur selben Uhrzeit an verschiedenen Orten ist es anders und am selben Ort im Laufe der Zeit ändert es sich fortwährend. Das Wetter ist demnach ein sehr dynamischer Zustand. Wichtig sind der Ort und die Zeit, wenn wir die Frage beantworten möchten, wie das Wetter ist oder wie es war. Die Inspiration überkommt den Dichter/die Dichterin unerwartet. Der Impuls, der durch eine bestimmte Situation, Gedanken, die einem in einem bestimmten Moment in den Kopf kommen, eine Umgebung oder durchlebte Emotionen ausgelöst wird, erscheint plötzlich und entzündet wie ein Funke die schöpferische Inspiration. Es reicht, große Sensibilität zu haben und sich an einem bestimmten Ort und einer bestimmten Zeit zu befinden, um eine poetische Erleuchtung zu erfahren. Eilends sucht man dann wenigstens ein Zettelchen, um es zu schaffen, die sich ballenden Gedanken in Strophen aufzuschreiben. Wenn nicht „hier" und „jetzt", könnte dieses oder ein anderes Gedicht vielleicht nicht entstehen? Wenn es nicht jetzt entsteht, dann könnte es auch niemals entstehen? Die Verkettung verschiedener Umstände führt dazu, dass jemand seine poetische Berufung findet und beginnt, Gedichte zu schreiben. Für ihre Entstehung ist das Wetter verantwortlich, sowohl das äußere als auch das innere – das Wetter der Seele. Wetter – das könnte vielleicht zu wenig gesagt sein! Notwendig ist das entsprechende Klima! Gedichte entstehen nicht jeden Tag, manchmal muss man auf die Inspiration lange warten. Ignacy Krasicki hat dies treffend folgendermaßen beschrieben: „Ja kommen die Märchen denn auf Befehl? Wenn sie wollen, dann entstehen sie, Aber wenn sie nicht wollen – rufe, schreie wie ein Kiebitz, es kommt kein Märchen." Genauso ist es auch mit dem Schreiben von Gedichten. Die Idee kommt plötzlich, unangemeldet, und beherrscht in einem Augenblick die Gedanken mit schöpferischer Stimulation.

Nur sensible Menschen schreiben Gedichte, weil Gedichte die Kristalle der erlebten Emotionen sind. Gedichte diktiert das Herz. Am ehrlichsten sind diejenigen, die es nicht schaffen, den rationalen Gedanken zu polieren, indem sie sich um den Rhythmus, Reim, die Anzahl der Sprechsilben, literarische Korrektheit und Übereinstimmung mit den festgelegten Schablonen kümmern. Vielleicht passen die Gedichte von Justyna Paulina Kołodziejczuk nicht zu den zuvor ausgedachten Schablonen mit den poetischen Arten und Gattungen. Wenn das so ist, dann haben wir den lebendigen Beweis für den Hochmut und Nonkonformismus der jungen Poetin.

Worüber schreibt die Autorin, welche Themen spricht sie an, in welchem emotionalen Zustand ist sie, was erlebt sie, was gibt ihr zu denken und was regt sie auf, welches Wertesystem ist für sie wichtig? Aus den Gedichten, wie auch aus den Papillarlinien, kann man vieles herauslesen und die Identität der schreibenden Person bestimmen. Bevor ich zumindest teilweise auf die oben gestellten Fragen antworte, indem ich subjektiv ein paar Beispiele aus dem „Schlüssel von Frau Kołodziejczuks Träumen" auswähle, möchte ich feststellen, dass die Inhalte ihrer Sammlung nicht monothematisch sind und dass die Stimmung der Schriftstellerin wechselhaft ist.

Obwohl der Band „Der Schlüssel meiner Träume" nicht deutlich in Teile aufgeteilt ist, habe ich mich doch bei dessen Studium dazu entschlossen, drei sich durch ein bestimmtes Merkmal auszeichnende Module zu unterscheiden.

Das erste enthält Werke, die wie in einer Durtonart der Musik geschrieben sind, in denen ich Freude, jugendlichen Elan, Optimismus sowie Glaube an die Liebe und Vertrauen, dass sie sich erfüllt, wahrnehme. Doch nimmt man in ihnen auch Melancholie und unerfüllte Wünsche war, die aber im Hintergrund untergebracht sind, irgendwo hinten versteckt. Dieser Teil des Bands endet mit dem Gedicht „Rezept für ein spannendes Leben", das im Allgemeinen einen eigenen Charakter hat und die Autorin in die Gruppe der Anhänger der hedonistischen Lebensphilosophie einordnet, vorausgesetzt natürlich, dass das Gedicht ein Spiegelbild ihrer persönlichen Überzeugungen und Erlebnisse ist.

In den von mir dem zweiten Modul des Bands zugeordneten Gedichten nehme ich eine Dämpfung, Resignation, Verbitterung, Müdigkeit vom allgemeinen Konformismus der die Autorin umgebenden Personen. Man möchte wie Julian Tuwim fragen oder wie Marek Grechuta singen: „Die Sätze perle ich wie von einer Perlenkette? Die Frau schaut – melancholisch... Woher hat die Frau diese Melancholie?" Man spürt hier deutlich die Molltonart der Musik.

Das dritte Modul enthält Werke, die jedem Naturforscher nahe stehen, denn sie wurden vom Rauschen des Waldes, dem Duft des Harzes, der Begeisterung über die Fülle jegliches Lebens in der Natur zugeflüstert. Das ist, als ob aus Mickiewiczes Pan Tadeusz die Sehnsucht sickerte, aber nicht „...zu jenen Feldern, prangend voll bunter Ähren und Garben...", sondern zu den Mischwäldern in der Ortschaft Wielgorz in der Nähe des Elternhauses der Autorin. Das sind in gewissem Maße auch Werke mit soziologischer Färbung und Botschaft.

Das Motto des Bands fordert zur Reflexion und Beruhigung in der Wärme des heimischen Kamins auf. So – an einem solchen Ort und in die sich bewegenden Flammen blickend – kann man seine Vorstellungskraft wecken und so manches Gedicht schreiben. Dieser Satz verweist eindeutig auf den häuslichen Charakter, das melancholische und verträumte Gemüt der Schriftstellerin, aber zugleich finde ich in ihm eine franziskanische Freude über alles, was man besitzt, und eine minimalistische Haltung dem Leben gegenüber, die zu der heute allgegenwärtigen Habsucht und Geldgier im Kontrast steht. „Trinke einen Toast auf das, was du besitzt, freue dich daran, was du hast, unwichtig, wie viel davon dir gelungen ist, anzusammeln", bittet die Autorin den Leser ihrer Gedichte. Auf dieses Motiv bezieht sie sich auch im Werk „Glück": „Glück ist, sich freuen selbst über das kleinste Glück" und „Glück ist, Gutes tun und Dankbarkeit erkennen in den Gesichtern anderer".

Ihr schriftstellerisches Credo platzierte die Autorin in ihrem Gedicht mit dem Titel „Du, Poesie". Sie will, dass sich die Poesie ihrer Gedanken wie eine Naturgewalt bemächtigt und sie auf absolute Weise beherrscht. Metaphorisch vergleicht sie ihr Begehren mit den auf dem Meer abdriftenden Segelschiffen, die von der Aktivität der Naturgewalten abhängen. „Möge mich umfangen der Wind der Poesie!", entschlüssele ich ihren zwischen den geschriebenen Wörtern versteckten Wunsch. Die Augenblicke des Schaffens nennt sie „königlich" und verleiht ihnen „himmlische Freuden". In diesem Gedicht offenbart die Autorin ihre Schwäche für Poesie und bittet sie, wie im Gebet, um schöpferische Unruhe des Herzens.

In der von ihr akzeptierten Hierarchie der Werte platziert die Autorin am höchsten das aufrichtige Gefühl, der Meinung, dass dieses die Grundlage für Freundschaft und Liebe sei, und erklärt zugleich alles andere als Zugabe. Im Gedicht „Poesie des Tages und der Nacht" schreibt sie über Träume, diejenigen, die mit der Liebe und dem Zusammensein mit einer geliebten Person zusammenhängen. Sie erinnert an die Augenblicke flammender Leidenschaft mit „tausenden Zärtlichkeiten", an die betäubenden Erregungen, mitreißend wie ein Orkan und flüchtig wie ein Seufzer. Sie schreibt über Träume, vielleicht ein wenig unerfüllte, mit der Nacht assoziierte, mit der Zeit, die die Erfüllung von Liebeswünschen begünstigt. In diesem Gedicht ist die Bitte zu hören, „dass der Tag die Nacht zurückbringt", damit „unsere Körper sich wieder berühren in Erwartung auf tausend Zärtlichkeiten mit Seufzern des Sturms". Mit der Liebe verbindet die Autorin eine wärmende Kraft, ein Gefühl der Sicherheit, den Sinn des Lebens und die Aufrechterhaltung des Lebens („Ein einziger solcher Abend"). Im Gedicht „Wunsch" fand ich ein Lob der Glaubwürdigkeit in den zwischenmenschlichen Beziehungen, die die Grundlage von Freundschaft, Liebe, Sicherheit und Harmonie ist und sich dann als besonders wichtig herausstellt, wenn die Seele von Zweifeln gequält wird: „In der Freundschaft wünsche ich, dass mir geglaubt wird, in der Liebe, dass mir vertraut wird."

Sich natürlich geben und davon träumen, all das, was man besitzt, und über alles seine Aufrichtigkeit, Einfachheit, Natürlichkeit, mit der dem Herzen nahe stehenden Person teilen zu können – diese Sehnsucht der Autorin wird in einem der Gedichte ohne Titel ausgedrückt.

Große Liebe, grenzenloses Vertrauen und enorme Dankbarkeit der Mutter gegenüber werden im Werk „Sie, die Erste" ausgedrückt. SIE – die hervorragende Lehrerin, Anführerin, der Garant für Sicherheit, das Vorbild für Sorgsamkeit, die Quelle der Freude und echter Liebe, von Anfang an, für alle Zeiten. Diese wunderschöne Ehrerbietung wurde der ersten Person auf der Welt erbracht – der Mutter.

Im Gedicht „Rezept für ein spannendes Leben" erfolgt ein geheimnisvoller Wandel der Schriftstellerin. In ihm wurde eine vollkommen andere Lebensphilosophie beschrieben. Carpe diem, nimm dir nichts zu Herzen, tauche ein ins Vergnügen, lass dich von der wilden, „wahnsinnigen" Liebe mitreißen – der Quelle der Inspiration.

Eine völlig andere Atmosphäre spüre ich in einem weiteren Gedicht mit dem Titel „Verlorenes Glück". Mehr oder weniger ab dieser Stelle des besprochenen Bandes ändert sich die schriftstellerische Tonart in Moll. Verlorenheit, Kummer, Verbitterung (Niederlagen?), Ratlosigkeit bei der Suche nach Wahrheit und Glück – das ist die Atmosphäre einiger weiterer Gedichte. In der Zusammenstellung der zuvor analysierten Werke haben wir den Beweis für die Wechselhaftigkeit der Stimmungen der Poetin im Augenblick des Schaffens und darüber hinaus für ihre empathische Sensibilität. Diese Stimmung wird auch im Gedicht „Zweifel" sichtbar, wovon bereits der Titel selbst zeugt. Bis zu diesem Zeitpunkt voller Optimismus gibt die Autorin ihre Wünsche auf, wird gleichgültig, ergibt sich dem Schicksal und bittet sogar, „...den herzlosen Henker, ihr die letzten Wünsche zu nehmen...".

Im Gedicht „Augenblick" wird das Tempo des Lebens der Menschen angeprangert. Die Eile, die die Gefühle erschlägt, der Erfolgsdrang, in dem solche Werte wie die Liebe, insbesondere die in der Armut schön aufblühende, mit Füßen getreten werden und verloren gehen. In diesem Werk ist ein eigentümlicher Appell und eine Mahnung, nach vorn zu eilen, die Liebe nicht zu verfehlen: „...dass die Liebe siege im Leben, so brüchig wie Glas" und zusätzlich „...zerstört durch das Böse". Seltsamerweise haben bereits die Dichter der Aufklärung über das übermäßige Tempo des Lebens geschrieben. Im Gedicht „Lob der Wälder und des schönen darin abgelegen vom Leben im Hirtenstand" schrieb Elżbieta Drużbacka: „Nachdem ich die Wendungen des menschlichen Lebens bedacht habe, gehe ich in die Wälder und heiteren Dickichte, und habe dabei in ihnen mehr Freude und Lust; Möge jemand über meine Wildheit lachen, Ich gebe nichts darauf, ich bevorzuge von seiner Einfachheit den Wald, als eine Welt voller Taugenichtse. [...] Wälder geliebte, grüne Lauben, Bäume, die angenehm rauschen, Gras, Hügel, eilende Bäche, Bei euch lebe ich, obgleich von trockenem Brot, Gesünder mir das Getränk aus euren lebendigen Quellen, Als die teuren Trünke, wenn aus missgünstigen Händen."

Die Melancholie, die Enttäuschung, vielleicht auch das Gefühl der Lossagung von der menschlichen Würde, aber auch die Unterschätzung und Abwertung spürt man in einem der Gedichte ohne Titel. Die Konsequenz dieses Seelenzustands ist die Flucht in die Dunkelheit, das Sicheinschließen, was man als Selbstausgrenzung hauptsächlich aus Gründen des sich auf dem Gesicht abzeichnenden Schmerzes, mit dem es schwer ist, sich öffentlich zu zeigen, bezeichnen kann. Die Isolation von der konformistisch eingestellten gesellschaftlichen Umgebung scheint der resignierten Autorin die beste Lösung zu sein.

Die Sehnsucht als den die schriftstellerische Inspiration antreibenden Mechanismus kommt im Gedicht mit dem Titel „Die Unerbittlichkeit des Lebens" zum Vorschein. Die Poetin sehnt sich nach der sorgenfreien Kindheit, den Landschaften, die mit den Kinderaugen im emotionalen Gedächtnis verewigt wurden, nach dem, was einst anders schmeckte und ein unvergleichbares Aussehen und Duft hatte. „...Ich sehne mich", so beendete sie das Gedicht, ohne Auslassungspunkte zu setzen, die noch die Chance gäben, Vermutungen über andere, nicht genannte Objekte der poetischen Retrospektive anzustellen. Aus dem Gedicht resultiert ein eindeutiger Beweis für diese Sehnsucht – es ist die Beobachtung des Tempos der Veränderungen, nicht immer in der Bewertung der günstigen, welche kamen und sich deutlich am Raum des recht kurzen Lebens der Poetin bemerken ließen. Es ist der Beweis dafür, dass sie die Fakten analysieren und diese in ihren Gedanken bewerten kann und das, was wir unwiederbringlich „unerbittlich" in der immer schneller entfliehenden Zeit verlieren, zu schätzen weiß.

Die Lebensfreude kommt für einen Augenblick in den Band zusammen mit dem Gedicht „Der Schatz der Sommertage" zurück, in dem ein langer Tag, die Fülle der Sommerblumen, die Geräusche der Natur und ihr Duft das innere Gleichgewicht der Autorin wiederherstellen. Für dieses Gedicht habe ich eine besondere Sympathie, da es mir gewidmet ist. Womit habe ich eine solche Auszeichnung und Anerkennung verdient und habe ich das überhaupt? Dies weiß ich nicht, aber ich wage nicht, die Annahme dieser Widmung zu verweigern, vor allem, weil das Gedicht die Wirklichkeit der Natur in voller Sommerblüte beschreibt und mit großer Empfindsamkeit und schriftstellerischer Reife geschrieben wurde. Von solchen Naturempfindungen, wie sie in diesem Gedicht beschrieben wurden, nährt sich jeden Sommer meine Naturseele in der dörflichen Landschaft, die mein Haus umgibt. Vielen Dank Frau Kołodziejczuk.

Einige der weiteren Gedichte haben eine natursoziologische Aussage. Sie sind aus der Begeisterung über die Schönheit der nach Harz duftenden Waldlandschaften und der Vielfalt der Gaben des Waldunterholzes entstanden. Die Autorin setzt den Reichtum des Waldes mit ihrer Bescheidenheit und Armut zusammen und drückt ihre Dankbarkeit für die duftende Einladung in diesen Naturtempel mit diesen Worten aus: „Ach Wald, mein teurer, du lädst mich ein an deine Schwelle, mit dem Duft des am Rande wachsenden Wacholders, lockst du jeden Augenblick wie ein hinterlistiger

Jäger." Aus den unter diesen Wald-Gedichten gesetzten Unterschriften geht klar hervor, dass auf diese Schöpfung der Mischwald, also der in seiner Natur reiche und vielfältige, der an das Elternhaus grenzt, einen besonderen Einfluss genommen hat.

Am Ende des Bandes setzt die Autorin ein paar Gedichte, die große Sorge über den Frieden und die Ruhe auf der Welt ausdrücken. Sie lenkt die Aufmerksamkeit auf die Sinnlosigkeit von Kriegen, Leid und allgemeiner Ungerechtigkeit. In diesen Werken wird die Geduld des Menschen sichtbar, der die Welt wegen des auf der Erde grassierenden Übels idealistisch wahrnimmt. (Schwäche, Ein paar wahre Worte).

Im Gedicht ohne Titel unternimmt die Autorin, überzeugt von der grenzenlosen Mutterliebe, den Versuch der eigentümlichen Reinigung von den begangenen Sünden, den das Gewissen belastenden gesagten Worten. Sie macht das im vollsten Vertrauen auf und Glauben an die Güte der Mutter, die immer bereit ist, zuzuhören, in den Arm zu nehmen, zu trösten... Das Gedicht wurde während der Fastenzeit geschrieben, was seinen Bußcharakter aufzeigt und ihm den Ausdruck einer wahren Osterbeichte verleiht.

Der Band endet mit einem tiefen Gedanken, der die von der Autorin geschätzte Freundschaft und Liebe betrifft: „Wahre Freundschaft ist ewig, und diejenige, die endet, hat einfach nie existiert."

Das Schreiben eines Gedichts ist die Kunst der Verwendung des Wortes mit der vollen Verantwortung dafür. Ich bin überzeugt, dass die Autorin sich darüber bewusst ist, da sie in ihrem Band eben auch einen solchen Gedanken platziert hat, der mir sehr gut gefiel: „Es gibt nichts Kostbareres in der Macht des Wortes als die Macht der darin verborgenen Wahrheit."

Vielen Dank, Frau Kołodziejczuk, dafür, dass Sie mich mit der Rezension Ihrer eigenen Gedichte betraut haben. Jetzt weiß ich, dass das Schreiben von Gedichten über die Freundschaft, die Liebe, das Gute der „Schlüssel Ihrer Träume" ist. Obwohl ich, wie ich zu Beginn erklärt habe, von der Poesie nichts verstehe, habe ich mit Vergnügen die in diesem Band gesammelten Werke gelesen. Ich schätze Sie für Ihre Bescheidenheit, Ihren Fleiß und große Empfindsamkeit – und für die Natur, aus Gründen des Berufes und der Interessen mir am nächsten stehend, und dem Leid anderer gegenüber sowie das Übel dieser Welt. Diese Gedichte, die seit ein paar Jahren geschrieben werden, sind die Kristalle Ihrer Gefühle, sie zeugen von Ihrer Empfindsamkeit, Empathie und Güte – und dafür schätze ich Sie sehr. Fachleute, die in der Literatur perfekt sind, werden mit

Sicherheit so manche schriftstellerische Unvollkommenheit auszu-
setzen haben, doch haben sie auch einst mit dem ersten Band
begonnen und sind erst nach Jahren zur Meisterschaft gelangt, was
ich auch Ihnen, Frau Kołodziejczuk, von Herzen wünsche.
In Freundschaft.

Ryszard Kowalski,
Institut für Biologie an der Naturwissenschaftlichen Fakultät der
Universität für Natur- und Geisteswissenschaften in Siedlce
Siedlce, 10. Februar 2016

Inhalt